PARA:

DE:

IDEA EDITORIAL: Griselda A. Torres
COLABORACIÓN LITERARIA: Enriqueta Naón Roca
DIRECCIÓN DE ARTE: Trinidad Vergara
ILUSTRACIONES: Sandra Lavandeira
DISEÑO: Raquel Cané

Argentina: Demaría 4412 (C1425AEB) Buenos Aires
Tel./Fax: (54-11) 4778-9444 y rotativas
e-mail: editoras@libroregalo.com
www.libroregalo.com

México: Avda. Tamaulipas 145, Colonia Hipódromo
Condesa, Delegación Cuhautémoc, México D. F. (C.P. 06170)
Tel/Fax: (5255) 5211-5714 / 5211-5415
e-mail: editoras@vergarariba.com.mx

ISBN: 987-9201-27-2

Impreso en China por Ava Books Production Pte. Ltd.

Printed in China

Lidia María Riba
Tu primera comunión
1ª ed. Buenos Aires: V&R, 2005.
48 p.; 22x16 cm.

ISBN 987-9201-27-2

1. Narrativa en Español I. Riba, Lidia María II. Título
CDD A863

TU PRIMERA COMUNIÓN

LIDIA MARÍA RIBA

V&R
EDITORAS

JESÚS TE HA INVITADO A SU MESA

Llegada la hora, Jesús se sentó a la mesa con sus apóstoles y les dijo: "He deseado muchísimo comer esta Pascua con ustedes..." Y tomando una copa dio gracias y les dijo: "Beban y compartan entre ustedes". Luego tomó el pan, dio gracias y lo dio a sus discípulos diciendo: "Este es mi cuerpo que se entrega por ustedes. Hagan esto en memoria mía".

LUCAS 22, 14-19

Cuando eras pequeño, tus padres te llevaron en sus brazos hasta el altar de tu Bautismo. Dios, entonces, con ese gesto de la Iglesia confirmó que eras su hijo.

Hoy, también de la mano de tus padres, pero por tu propia voluntad, te acercas nuevamente a Dios para participar por primera vez de la fiesta más importante, del mejor de los banquetes: la Eucaristía. Jesús te ha invitado a ser un amigo más que comparta con Él esta alegría.

Celebras tu Primera Comunión y todos los que te quieren rezan para que, a lo largo de tu vida, repitas muchas veces esta profunda unión con Jesús, para que crezcas fortalecido en tu fe y protegido en la gracia de Dios.

Porque en cada Comunión se renueva el recuerdo del mejor regalo que nos hizo Jesús cuando, en la Última Cena, convirtió el pan y el vino en su cuerpo y su sangre. Porque desde ese día, todos los días nos invita a su mesa.

ESTE ALIMENTO TE HACE MÁS FUERTE

"Pero el que beba de esta agua que yo le daré,
nunca volverá a tener sed. El agua que yo le daré
se convertirá en manantial que brotará
para la vida eterna."

JUAN 4, 14

CADA VEZ QUE COMULGUES TE ACERCARÁS a un manantial de agua purísima, al manantial de la gracia que te da la Comunión. Con esa gracia en tu corazón piensa que eres un milagro de Dios y que Él te ha dado poderes muy especiales:

Te dio el poder de pensar,
el poder de amar y de reír,
de imaginar, de rezar, de hablar,
de crear...

Aprovecha sabiamente estos poderes para usarlos al elegir:

Elige amar en vez de odiar,
elige reír en vez de llorar,
construir en lugar de destruir,
perseverar en vez de renunciar,
elogiar en lugar de criticar,
dar en lugar de quitar.

No te olvides nunca de que eres el milagro de Dios. Él te quiere feliz.

JESÚS DESEA TU COMPAÑÍA

Le trajeron entonces a unos niños para que les impusiera las manos y orara por ellos. Los discípulos los reprendieron pero Jesús les dijo: "Dejen que vengan a mí porque el Reino de los Cielos pertenece a los que son como ellos".

MATEO 19, 13-14

AL PENSAR EN JESÚS, NO PIENSES EN ALGUIEN lejano y silencioso. Él no apartó a esos niños que lo rodeaban; al contrario, les pidió que se acercaran a Él, que se quedaran a su lado.

Él es como el mejor de tus amigos, alguien a quien le puedes contar tus cosas y que nunca te dejará solo porque te quiere muchísimo. Está siempre contigo. Como están cerca tus padres. Incluso cuando ellos están durmiendo en la habitación de al lado, sabes que te están cuidando, que si te asustas por algo o tienes una pesadilla, sólo tienes que llamarlos y vendrán en seguida a consolarte.

Así de cerca está Jesús. Pero tienes que acordarte de llamarlo. Cuando estés triste, cuando estés aburrido, cuando estés feliz... Y también cuando simplemente sientas la necesidad de estar con un amigo.

MARÍA
TE AYUDARÁ SIEMPRE
A ACERCARTE A JESÚS

Al ver a la madre, y cerca de ella al discípulo a quien amaba, Jesús le dijo: "Mujer, aquí tienes a tu hijo". Luego dijo al discípulo: "Aquí tienes a tu madre". Y desde aquel momento, el discípulo la recibió en su casa.

JUAN 19, 26-27

DILE A JESÚS QUE TE CUENTE MÁS ACERCA de María, su madre. Imaginarlo con ella cuando era un niño, te hará valorar más la paciencia y el amor de tu propia mamá.

Ahora que te has hecho más amigo de Jesús, seguramente tratarás de ser mejor con todos. Especialmente con tu madre.

Tal vez te des cuenta de lo mucho que trabaja y de cómo se esfuerza por estar contenta a pesar de su cansancio.

Tu mamá y la mamá de Jesús deben ser muy amigas. A veces las oyes conversar.
Pídele a Él que las cuide mucho a las dos.

DESCUBRE AL JESÚS DE LA EUCARISTÍA TAMBIÉN EN TUS HERMANOS

"Amarás al Señor tu Dios con todo tu corazón, con toda tu alma y con todo tu espíritu". Este es el más grande y el primer mandamiento. El segundo es similar al primero: "Amarás a tu prójimo como a ti mismo".

MATEO 22, 37-39

ALGUNAS PERSONAS NO TIENEN NADA. No pases indiferente a su lado. Con el amor de Jesús en tu corazón, ojalá seas capaz de dar hasta aquello que no te sobra. Cada vez que te encuentres con Él en la Comunión, también encuentra a través de ella a tu prójimo, porque la Eucaristía te hace más generoso y desprendido. Confía en que nada te faltará porque Jesús cuida de los suyos.

Que por su amor también seas capaz de perdonar a los que te han hecho algo malo. O de pedir perdón si fuiste quien se equivocó.

Jesús te pide que trates a los que te rodean como a hermanos, que los ayudes si puedes y que te alegres por ellos. Porque el amor se multiplica cuando lo das a los otros...

JESÚS TE ENSEÑA A VIVIR EN PAZ

Vivan en armonía y en paz y entonces el Dios del amor y de la paz permanecerá con ustedes.

2 Corintios 13, 11

JESÚS QUIERE DARTE LA FUERZA PARA VIVIR EN PAZ y en armonía. Tal vez no puedas hacer nada por las guerras en el mundo pero, seguramente, con su ayuda puedes evitar conflictos a tu alrededor, en tu vida de todos los días.

Responder con paciencia si te provocan, saber que renunciar a pelear no significa ser cobarde, recordar que es mejor tratar de entender al otro, y que no es necesario ganar siempre una discusión.

Señor, haz de mí un instrumento de paz.
Que allí donde haya odio, ponga yo amor.
Donde haya ofensa, ponga yo perdón.
Donde haya discordia, ponga unión.
Donde haya error, ponga verdad.
Donde haya duda, ponga fe.
Donde haya desesperación, ponga esperanza.
Donde haya tinieblas, ponga tu luz.
Y donde haya tristeza, ponga tu alegría.

ORACIÓN DE SAN FRANCISCO DE ASÍS

BUSCA SIEMPRE ALGÚN MOMENTO PARA ESTAR CON JESÚS

"Cuando ores, retírate a tu habitación,
cierra la puerta y ora a tu Padre que está en lo secreto;
y tu Padre, que ve en lo secreto, te recompensará."

MATEO 6, 6

SALES A LA PUERTA DE TU CASA Y VES a la gente ir y venir, apuradísima. En ocasiones te da la impresión de que las personas grandes no tuvieran tiempo para nada, ni para cuidar a sus enfermos, ni para acompañar a sus padres, ni para estar con sus hijos.

A veces te parece que a tus amigos y a ti también les falta tiempo: el colegio, los deportes, las clases de computación o de inglés...

Pero el tiempo es un regalo que Dios nos ha hecho. Los años, los meses, los días, las horas, son todos tuyos porque Él así lo quiere.

Entonces, en medio de las muchas actividades que haces, acuérdate cada día de buscar a Jesús, aunque más no sea un momento. Para poder conversar con Él desde un lugar solitario y silencioso dentro de ti.

CUENTA SIEMPRE CON JESÚS

El Señor es mi roca, mi fuerza, mi libertador.
Invoqué al Señor y me salvó de mis enemigos.

SALMO 18, 3-4

DESDE QUE EMPEZASTE A PREPARARTE para esta Primera Comunión, te has ido acostumbrando a recurrir a Jesús cuando necesitas ayuda: si estás triste, si sientes temor o no puedes dominar tu timidez. Simplemente piensas "Jesús, ayúdame" o dices en silencio unas palabras que escuchaste en la catequesis "Sagrado Corazón de Jesús, en Vos confío".

Entonces sientes que Él contesta a tu llamado y que eres capaz de todo con su ayuda. No te olvides de esto. Cuando estés en una situación de riesgo, de peligro o lo necesites con urgencia, sólo tendrás que llamarlo y sentirás que Él te protege.

Cada vez que comulgues, en este maravilloso Sacramento y en el misterio de la fe, se renovará tu pacto con el Señor. Él te iluminará y reforzará ese poder.

LA COMUNIÓN HACE MÁS GRANDE TU CORAZÓN

"Les daré un corazón nuevo
y pondré dentro de ustedes un espíritu nuevo."

EZEQUIEL 36, 26

EN ALGUNOS MOMENTOS PARECES OLVIDAR todo lo aprendido durante la preparación para esta Comunión. Por ejemplo, cuando no compartes tus cosas o protestas en casa cuando te piden ayuda para algo.

Después te sientes mal contigo mismo. Una voz te dice que puedes hacer mucho mejor las cosas. Esa voz se parece a la voz de Jesús. Cuando comulgues, pídele que te dé un corazón tan grande como el suyo, donde hay lugar para todos.

Que María, Reina de los Apóstoles,
les enseñe que no hacen falta
gestos extraordinarios
para llevar a Jesús a los otros.

Sólo es necesario tener un corazón
lleno de amor hacia Dios
y hacia los hermanos.
Un amor que impulse a compartir
los tesoros inestimables
de la Fe, la Esperanza y la Caridad.

JUAN PABLO II

LLEVA TUS AMIGOS HACIA JESÚS

El amigo fiel es refugio seguro,
el que lo encontró ha hallado un tesoro.

SIRÁCIDES 6, 14

LO QUE MÁS TE GUSTA DE IR AL COLEGIO es encontrarte con tus amigos. Tener muchos te hace feliz. Te gustaría ser su mejor compañero y parecerte en eso a Jesús: Él quiere a todos y todos lo quieren.

Tus amigos te acompañan; con ellos compartes juegos, secretos y diversiones. También tienes amigos que no son de la escuela, que viven cerca de tu casa o con los que pasas las vacaciones.

Muchos de esos amigos tuyos también festejan hoy su Primera Comunión. Muchos amigos tuyos también son amigos de Jesús. Pídele a Él que se convierta en uno más del equipo, el más importante, para que todos le sean tan fieles como lo son entre ustedes, para que la alegría de esta amistad compartida hoy con Él se profundice a lo largo de toda la vida.

JESÚS NECESITA TU AYUDA

"Ustedes son la luz del mundo... No se enciende
una lámpara para esconderla, sino que se la pone
en un candelabro para que ilumine a todos los de la casa.
Así debe brillar ante los ojos de los hombres la luz
que hay en ustedes, para que ellos vean sus buenas obras
y glorifiquen al Padre que está en el Cielo."

MATEO 5, 14-16

A medida que vas creciendo te das cuenta de que algunas personas sufren mucho, de que necesitan muchas cosas que no siempre se pueden comprar con dinero. Te gustaría ayudarlas en nombre de Jesús, te gustaría que lo conocieran porque pronuncias su nombre. Quieres ser cada día mejor; quieres entregarte a todos los que necesitan algo y que nadie dude de que es su mano la que te lleva.

Toma, Señor, y recibe mi libertad,
mi memoria, mi entendimiento
y toda mi voluntad.
Todo mi haber y todo mi poseer.
Tú me lo diste y a ti, Señor, lo devuelvo.
Todo es tuyo, dispón tu voluntad.
Dame sólo tu amor y la gracia,
eso me basta.

Oración de San Ignacio

JESÚS SABE QUE LO QUIERES

Hemos conocido el amor que Dios tiene
y hemos creído en Él.
Dios es amor. El que permanece en el Amor,
en Dios permanece y Dios en él.

1 Juan 4, 16

JESÚS VE DENTRO DE TU CORAZÓN Y SABE que lo quieres. Cuéntale también tus cosas, háblale de tu familia y de tus amigos, pídele lo que necesites. Sí, Él conoce todo de ti antes de que las cosas te pasen... pero igual le gusta compartir todo contigo.
En todo momento recuerda cuánto te quiere.
Y pregúntale siempre qué espera de ti.

Nada puedo darte, Jesús amable,
porque nada son mis cosas.
Pero algo tengo que Tú me has dado
y que nadie me podrá
quitar: el corazón.
Una cosa puedo hacer
con este corazón: amarte.
Pues bien, Jesús,
yo te doy mi amor
y por este amor que te doy,
no quiero que me des
más premio que amarte.
Y amarte cada vez más.

DEL DEVOCIONARIO DEL SAGRADO CORAZÓN

CUIDA TODA LA CREACIÓN DE DIOS

El Señor puso al hombre en el jardín del Paraíso para que lo cultivara y lo cuidara.

GÉNESIS 2, 15

DIOS HA CREADO TODO. DESDE LA PRIMERA y más lejana estrella hasta nuestro planeta. El planeta azul, como se ve en las fotos sacadas desde los satélites que han salido al espacio. Creó los ríos, los mares, las montañas y los bosques.

Sabemos que esta creación maravillosa hoy corre peligro. Y quienes la ponemos en peligro somos los que debíamos cuidarla. Tal vez antes nadie tuviera mucha conciencia de esto, pero nosotros sabemos que cada uno puede hacer mucho para proteger esa creación de Dios. Que cada esfuerzo cuenta para que puedan disfrutarla también los niños que nacerán en el futuro.

Porque respetar la naturaleza es también honrar la obra de Dios.

COMPARTE CON JESÚS LO MEJOR DE TU VIDA

"Felices los que escuchan la palabra de Dios y la practican."

LUCAS 11, 28

ALEGRARTE POR LA MARAVILLA DE QUE JESÚS te haya entregado su palabra y ser fiel a lo que has aprendido te da la posibilidad de santificar tu espíritu.

Por eso, no recuerdes a Dios sólo cuando te preocupa algo, cuando te angustia algún problema; ofrécele también todos los buenos momentos de tu vida. Celebra con Él las grandes alegrías.

TU FAMILIA ES UN REGALO DE DIOS

Hijos, obedezcan a sus padres en el Señor porque esto es lo justo: "Honra a tu padre y a tu madre" y es el primero de los mandamientos que va acompañado de una promesa: "para que seas feliz y goces de larga vida en la tierra".

EFESIOS 6, 1-3

AGRADECE A JESÚS POR LA FAMILIA QUE TE HA dado. Es maravilloso sentirse cuidado, protegido y querido. Si valoramos cada día todo lo que hacen por nosotros, podremos devolver ese amor, hacer más cosas por nuestros padres y hermanos y cerrar ese círculo mágico.

Afianzar ese amor por los nuestros nos permite acrecentarlo y llevarlo hacia toda la Iglesia, la gran familia de Dios. Si realmente puedes comprender lo mucho que te quieren tus padres, si compartes la alegría del cariño de tus hermanos, podrás imaginar la intensidad del amor de Dios, que nos ha llamado, justamente, hijos suyos.

JESÚS TE AMA TAL COMO ERES

Jesús le dijo a Pedro: "Te aseguro que esta misma noche, antes de que cante el gallo, me habrás negado tres veces". Y Pedro le contestó: "Aunque tenga que morir contigo, jamás te negaré".

MATEO 26, 34-35

SIN EMBARGO, PEDRO NEGÓ A JESÚS.
No una sino tres veces. Y a pesar de eso, el Señor perdonó a este hombre sencillo e impulsivo. No sólo lo perdonó: lo hizo el jefe de su Iglesia. Porque el mayor mérito de Pedro era su inmenso amor por Jesús. Pedro no era perfecto, pero Jesús no veía sus imperfecciones sino la profundidad de su amor.

Así como conocía a Pedro, también te conoce a ti. Sabe que tus deseos de ser mejor son grandes, pero que a veces tu voluntad es frágil.

Y, sin embargo, te ama. Y te pide que no esperes a ser perfecto para amarlo. Te pide que lo ames ahora. Él, que puede tenerlo todo, necesita de tu amor, te necesita. Así, tal cual eres.

DEJA QUE LA LUZ DE JESÚS TE GUÍE

Porque el mismo que dijo: "Brille la luz en medio de las tinieblas", es el mismo que hizo brillar su luz en nuestros corazones para que resplandezca el conocimiento en la gloria de Dios, reflejado en el rostro de Cristo.

2 Corintios 4, 6

QUE SU LUZ TE GUÍE
y te dé la gracia especial de comprender
y vivir el misterio del amor más grande.

Que su luz te guíe para mirar en tu interior
y preguntarte cómo puedes mejorar.

Que su luz te guíe
y te acuerdes todos los días de rezar.

Que su luz te guíe
y te puedas dar a tus hermanos.

Que su luz te guíe
y te haga humilde para poder pedir perdón.

Que su luz te guíe
y abra tu corazón a su amor,
que venció todo lo que nos separaba de Dios.

Que su luz te guíe
y te unas en comunión
con toda la familia cristiana.

SIGUE TU CAMINO CON JESÚS

"Yo soy el pan vivo bajado del cielo. El que coma de este pan, vivirá eternamente, y el pan que yo le daré es mi carne para la vida del mundo."

JUAN 6, 51

JESÚS TE HABLA DE UN PAN VIVO, DE UN PAN que te servirá para la vida del mundo. Este pan que has compartido hoy, entonces, no se parece a ningún otro que puedas conocer.

Este pan te hará seguirlo, y a Él le permitirá desde hoy cuidarte y guiarte. Demuestra el valor de ser su amigo para siempre. No te canses de buscarlo en cada persona que conoces, aunque eso te cueste un poco.

Porque ahora que sabes cuánto te quiere y que te has encontrado con Él en cuerpo y alma, sientes más que nunca que está a tu lado y eso te hace más valiente.

Toma a Jesús de la mano para no perderte en tu camino. Enfrentarás sin miedo los problemas que tal vez tengas en tu vida en el mundo, porque seguirás comiendo de este pan.

AHORA QUE HAS COMULGADO, PÍDELE A JESÚS QUE NO SE VAYA

Cuando llegaron cerca del pueblo adonde iban, Jesús hizo ademán de seguir adelante. Pero ellos insistieron: "Quédate con nosotros, porque ya es tarde y el día se acaba". Él entró y se quedó con ellos.

Lucas 24, 28-29

Quédate conmigo, Señor,
porque es necesario tenerte presente
para no olvidarte.
Tú sabes con qué facilidad te abandono.

Quédate conmigo, Señor,
porque Tú eres mi vida y sin ti disminuye mi fervor.

Quédate conmigo, Señor,
porque Tú eres mi luz y sin ti quedo en las tinieblas.

Quédate conmigo, Señor,
para que escuche tu voz y la siga.

Quédate conmigo, Señor,
porque deseo amarte y estar en tu compañía.

Haz que te reconozca,
como tus discípulos, al partir el Pan.

Que la Comunión aclare las tinieblas,
que sea la fuerza que me sostenga
y la única alegría en mi corazón.

FRAGMENTO DE LA ORACIÓN DEL PADRE PÍO
PARA DESPUÉS DE LA COMUNIÓN

MENSAJES DE MIS FAMILIARES Y AMIGOS